# PELAS JANELAS

# PELAS JANELAS

JULIANO CAZARRÉ

2ª impressão

Porto Alegre
2013

*Juliano Cazarré é representado pela*
*Agência da Palavra – Agenciamento Literário e Projetos Editoriais*

*Coordenação editorial*
Agência da Palavra

*Preparação e revisão*
Rodrigo Rosp

*Capa*
Samir Machado de Machado

*Projeto gráfico*
Guilherme Smee

*Fotos*
Diego Bresani

Dados Internacionais de Catalogação na Publicação (CIP)

C386p Cazarré, Juliano
Pelas janelas / Juliano Cazarré. – Porto Alegre : Dublinense, 2012.
80 p. ; 21 cm.

ISBN: 978-85-62757-90-7

1. Literatura Brasileira. 2. Poesia Brasileira. I. Título.

CDD 869.917

Catalogação na fonte: Ginamara Lima Jacques Pinto (CRB 10/1204)



Av. Augusto Meyer, 163/605
Auxiliadora – Porto Alegre – RS

contato@dublinense.com.br

dublinense

para Vicente e Inácio

Abrem-se portas e janelas para que haja um quarto:
a utilidade do quarto está no seu nada.

Por isso, o que existe serve para ser possuído
e o que não existe, para ser útil.

Lao Tzu

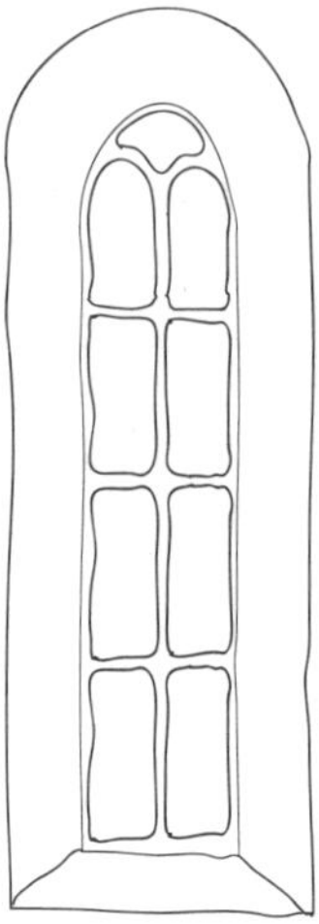

# ÍNDICE

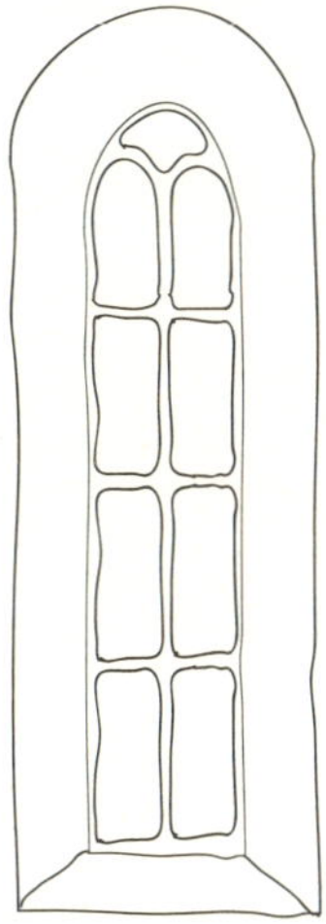

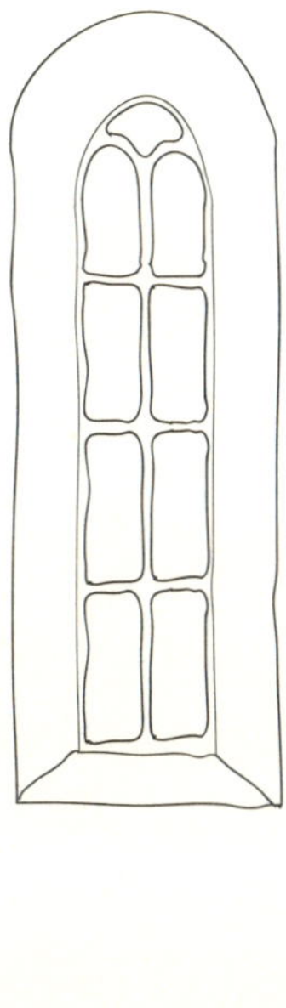

# Ireneo Funes, o memorioso, descreve uma janela

A janela que recordo agora, às quatro e quinze da tarde, de 28 de março de 1889, anos atrás, antes do prodígio, eu a definiria como a janela de toda a minha infância. Depois do despertar de minha sensibilidade e de minha memória, sei que nenhum objeto, que nenhum sentimento pode ser o objeto ou o sentimento de toda uma infância. Essa é a janela do dia 17 de setembro de 1871, às seis e trinta e seis da manhã. Eu tinha, então, três anos e dois dias de idade. Minha mãe abriu essa janela de madeira de pinho, onde a terça parte da tinta verde – fora pintada uma década antes de meu nascimento – já havia caído. Esse mesmo verde ainda o encontraria quatro vezes ao longo de minha vida; na capa de um volume em latim da *Naturalis Historia*, de Plínio, empréstimo de um homem que era ao mesmo tempo um estranho e um amigo; em duas folhas de um chorão que divisei por sobre o ombro esquerdo desnudo de Rosa Maria Veronese, às dezoito para as sete do cálido entardecer de 13 de dezembro de 1882; a terceira vez que vi esse verde foi em um pesadelo que me é penoso recordar, como o escrivão prefiro não o fazer; e por último num armazém, quando a luz inclinada das cinco em ponto da tarde passou pelas frestas das tábuas do tosco barracão e roçou com leveza o monte de erva recém-moída.

Na parte superior da veneziana esquerda, o descascado formava uma mancha que lembrava o contorno da Pérsia num velho mapa que vi certa vez na biblioteca do senhor desembargador Juan Villegas. Ainda na mesma veneziana, outro descascado, este na forma de um tigre de Bengala que, deitado sobre o flanco direito, abria uma clareira na mata de juncos. Esparramado, quase em estado líquido, entre o sono e a vigília, as patas anteriores afastadas quinze graus uma da outra, e a pata traseira esquerda tão perfeitamente por cima da direita que se poderia afirmar que tinha apenas uma; a cauda elétrica, único órgão desperto e consciente, espantava vespas.

Na veneziana da direita, a única forma perceptível, dava-se não na parte descascada, mas na tinta verde restante. A mancha formava um desenho que só agora decifro: um brâmane recitando um poema sobre a inveja que o idêntico sol sente da diversa lua. Ao seu redor, doze discípulos, homens e mulheres, cabeças raspadas, as pernas cruzadas em lótus.

Quando minha mãe abriu essa janela, o sol penetrou em sete círculos de sete raios. Um olho destreinado (como o meu à época) perceberia apenas um facho de luz, indivisível como o átomo de Demócrito. Sabemos que sete vezes sete é a definição de infinito. Pouparei a descrição de cada um dos infinitos raios; afirmo, porém, que reconheço cada um desses raios como um homem reconheceria irmãos sanguíneos, e chamo-os por seus nomes. A luz que entrou me cegou e me aqueceu. Esse instante de cegueira, caso fosse descrevê-lo, me tomaria todos os poucos dias de vida que me restam e, ainda assim, não lograria completar a tarefa.

Entro então neste terreno pantanoso e impreciso que é a arte, e me arrisco a uma aproximação, a isso que chamam metáfora. A luz me trouxe algo como o primeiro gole de um mate amargo que, em vez de água pura, fosse servido com carqueja e criou em minha mente e em meus olhos (que talvez sejam a mesma coisa) teias de aranha, e no espaço entre os nós dessa teia, outras teias, com outras teias dentro, numa mandala eterna e macabra.

# Protojanela

Um artista doidivanas, de talento,
Seguindo seus misteriosos critérios,
Dono de um cinzel de água e vento,
Dono de um esculpir milimétrico,

Esculpiu, lento, fendas nas pedras.
Pedras que eram, a um só tempo,
O firme tijolo e o mole cimento,
Tanto suas tintas quanto suas telas.

Ao longo de longo tempo,
As fendas foram fendas apenas,
Coisas somente – não eram ideias.

Até que um macaco mais atento
Lança-lhes um olhar atravesmente
E por primeira vez pensa: Janelas!

# da minha janela eu vejo

um avozinho de bengala trazendo dois pães pro café
um pra si e um pra sua senhora

uma moto com três garrafões de água
uma menina indo pra escola de minissaia

uma kombi anunciando pamonhas de piracicaba
uma kombi anunciando morangos de atibaia

a flauta de brinquedo do amolador de facas
um homem comum com um jornal que verte lágrimas

o cheiro do alho do bife da vizinhança
e, depois do almoço, uma bola correndo atrás de uma criança

um cachorro que quase morreu atropelado
a senhorinha dona do cachorro com os olhos esbugalhados

uma borboleta
um buraco no asfalto (aonde levará?)

a luz das quatro e meia, inclinada e amarela
entra e desenha no chão da sala uma contrajanela

vejo guarda-chuvas e uma moeda de cinco centavos
o caos do fim do expediente, rostos apressados

um mendigo que retira duas latas de cerveja do meu lixo
o vizinho que fuma cigarros

a luz azul da tevê nas outras janelas
o vapor dos chuveiros dos outros banheiros

o apagar das luzes
um gato preto e a lua cheia

um caminhão que rompe o silêncio na alta madrugada
os ratos reciclando a urbe

as putas roendo as unhas
o grosso catarro

uma ambulância
um fantasma

a aurora e o alvoroço dos pássaros
um galo de reluzentes penas

o avozinho de bengala trazendo um pão pro café
para si, apenas...

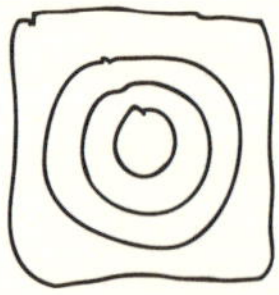

# quadrinhas infames I

por janelas já vi jogarem
filhos durante incêndios
flores aos vencedores
e gatos por divertimento

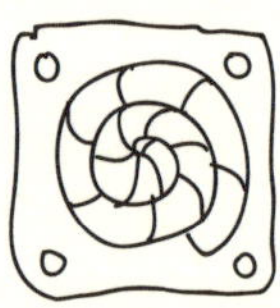

# Janelinha

queria ouvir da boca e da pena
de quintana
um seu último poema
com sua voz de cigarro anciã
onde me descrevesse
do outro mundo
como são as janelinhas
na estrela aldebarã...

# A janela refletida

Cerrada no vento e no inverno,
Mas nos verões sempre aberta.
Grande e arejada em tempos de paz,
Pequena e sufocante na guerra.

Mudou conforme mudou o homem
Através dos tempos e da terra.
Se hoje está no céu, nos aviões,
Já esteve no mar, nas caravelas.

Palavra no feminino, como as fendas,
Que se realizam quando se abrem,
E nada são quando se fecham.

Palavra também no felino,
Como as felinas pupilas do gato:
Quanto menos luz, mais abertas.

# Orgânica 1

Pela janela do corpo, o olho,
Aquosa janela, eu olho
Vejo as outras janelas
Moldura contra moldura
Tela dentro de tela
E se estiver de óculos então
Aí, é mais uma janela,
E de tão filtrada, a coisa vista
É pálido reflexo do que era

# quadrinhas infames II

debaixo de muitas janelas
já vi cantar serenatas
para muitas lindas donzelas
sob serenas luas de prata

# Janela platônica

A janela-janela
A pura janela de Platão
A janela-ideia, de onde
todas as outras nascerão.

Janela sem moldura, batente,
sem cortina.
Dos dois lados desta janela,
nem vista, nem visão.
Janela nada, janela pura.
Janela que é só o vão.

# A janela de Borges

Uma janela de frente para outra igual a ela
Como dois espelhos a se refletir infinitamente.
Um homem debruçado em seu parapeito veria
À sua frente, seu duplo a mirá-lo à janela.

Uma janela com vista ao labirinto
Onde Teseu encontra Astérion dormindo
E com um punhal de prata, punhal argentino,
Extermina o Minotauro sem ser combatido.

Uma janela de cristal de onde se vê o todo do mundo:
O populoso mar, a aurora e a tarde, um tigre, uma teia
De aranha no centro de uma pirâmide, um rei banguela.

Onde antes havia uma árvore, vê-se um círculo de terra.
Dessa janela de cristal é possível ver Londres e Genebra,
De onde Borges observa Borges cego em sua biblioteca.

# Reparação

Não foi a dureza militar,
Nem foi a falta de inspiração
Que levaram Yuri Gagárin
À lacônica constatação.

Dante, Camões – até mesmo tu! –
se acaso vissem, pela janela,
o planeta à sua frente,
diriam também, simplesmente:
– Gente, a Terra é azul.

# quadrinhas infames III

vi multidões de peregrinos
viajarem, ano após ano,
para ver o sumo pontífice
numa janelinha do vaticano

# Rememberança 1

Pela janela da infância:
Um cão, uma bola, um irmão,
Um sapo, um machucado,
férias de verão.

O barulho do mar,
Milho cozido na espiga,
Uma irmã, picada de abelha,
Cheiro de protetor solar.

Nunca saía pela porta
Se pela janela podia pular.

# Bestiário

A janela do metrô em movimento
É uma janela de ação.
Porque é janela que passa.
Rápida. Janela de furacão.

A janela do metrô em movimento
É janela de escuridão,
Por onde não se vê nada
Ou, quando se vê, é borrão.
E o borrão entrevisto
Precisa da imaginação
Que lhe dê contorno, linha,
Enfim, significação.

Janela de fundo plúmbeo
Que não se abre em paisagem
Tornando-se, assim, um espelho
Dos passageiros da viagem,
Que ficam a olhar seus reflexos
E evitam encarar os estranhos
Que dividem com ele as entranhas,
Da besta de colossal tamanho.

As janelas do metrô são também
Sua exterior proteção.
São a pele desse monstro.
São as escamas desse dragão.

O olho mágico é uma janela que esqueceu de crescer.

## quadrinhas infames IV

menino, por pequena janela,
segredava, eu, ao vigário
meus medos e pecadilhos
no seguro do confessionário.

# As janelas de Hopper

Hopper pintava o que via,
sem julgar, com isenção.
Pintou um império que nascia
sob o signo da solidão.

Pintou a janela limítrofe –
cidade e campo, homem
e natureza, homem e homens –
cores, luzes e franqueza.

Uma casa na beira de um trilho, o balcão
de um bar, uma mulher sozinha, uma drug store,
um posto de gasolina, um hotel, um farol;
uma freira e um órfão; coisas do setentrião.

Pintou de dentro pra fora e de fora
pra dentro janelas imparciais.
Janelas que mostram apenas
e, por isso mesmo, universais.

# Safári urbano

As câmeras apontadas lembram um pelotão
de fuzilamento. Ao microfone, o guia
com sua voz metálica anuncia,
os lugares mais pitorescos:

Senhores. Senhoras. Peço a atenção de vocês.
Esse edifício tem uns duzentos anos talvez.
Naquela ruazinha morou Fulano de Tal,
E naquele banco de praça expirou seu alento final.

Ali, senhores! Belo exemplo de biodiversidade!
Um punk e uma freira comendo de pé
Um yakisoba no meio da tarde.

Naquela janela, que raro animal. Um poeta!
Escreve sobre nós neste exato momento.
Puxem os gatilhos – agora! – e acabem com este sonet

## quadrinhas infames V

numa diminuta janela,
atrás de leve cortina,
vi passar, de carruagem,
certa vez, uma rainha.

# Orgânica 2

Ânus
Janela rara
Que nunca recebe luz
Grotesca janela
Escondida
Esquecida
Espremida
Janela de prazer para alguns

Cu, que no fundo,
Todo mundo tem um
Logo, são ao todo, no mundo
Sete bilhões de cus
Janelas de defecar o corpo
De toda a merda
Que o homem produz

# Operação – operário

1

São quatro cortes cirúrgicos
Na parede, em ângulos retos,
Precisos para ver do outro lado
Coisas para as quais o olho é cego.
O pedreiro retira o excesso,
Preciso como médico,
Em talhos secos, assépticos,
Extirpa indesejado abscesso.

2

Quem escreve poemas também
Se propõe a abrir janelas,
Não porque põe, mas porque tira
A indesejada matéria.
E com tal possibilita
Ao olho, agora sem obstáculos,
Uma visão clara, explícita,
De um confuso espetáculo.

# A súbita visita da musa

Uma fresta nas folhas das árvores
Um pequeno holofote
Uma breve janela
Um tímido feixe de luz
Uma nesga de sol
Um beijinho quente na tarde sombria
Iluminando uma página ainda vazia
Inesperada inspiração
Fugaz farol

# quadrinhas infames VI e VII

vi castigarem homens
deixando-os sem janela
trancados na masmorra
sombria de algum castelo

as masmorras de hoje
– como as antigas, tão brutas –
são as solitárias. celas
sem janelas, diminutas.

# Vão

Tem duas janelas a casa.
Casa não, apartamento.
Uma, a da sala, pra rua.
Outra pros vizinhos, pra dentro.

Na primeira, um caminhão
Parado a girar cimento.
Invade a casa, a fumaça
E o som do motor, barulhento.

Na segunda, a vizinha
Despeja pra cá seus lamentos.
Ralha com ela, o filho
E ela, tal gralha, com o cão sarnento.

Entre essas duas janelas
Fica, da casa, o centro,
Onde me sento e procuro,
Em vão, o silêncio.

# Janelas abertas

Manhã de primavera,
Suave é a brisa
Indescritível é a dança de cortinas

Manhã de verão
Os poemas derretem
Em cima da escrivaninha

Manhã de outono
Perdíamos a virgindade
Numa cama de solteiro

Manhã de inverno e de vento
Pássaros extintos
Assobiam cantigas de esquecimento

Manhã de deserto
Desatento
O escritor tergiversa

# Insólita

Existe uma janelinha mágica
De onde o cerrado mais áspero
E a caatinga mais cacto
Parecem macia relva

De onde o homem
Parece inofensivo
E a feia metrópole,
Bela.

Em meio ao breu noturno,
As cidades são poças de luz amarela.
Um ponto bruxuleante no nada
É uma casinha no campo, singela.

Pequenino, eu achava
que, através dessa janela,
Poderia pegar um pedaço
de nuvem na mão.
Mas abri-la – que pena! – não dava.
Janelinha de avião.

A fotografia é uma janela estática e eterna.

# quadrinhas infames VIII e IX

eu também vivi sem janelas,
ao ar livre, dez anos inteiros;
cinco – solitário como um gaúcho.
cinco – num bando de cangaceiros.

ventania pros gaúchos.
luminância pros paraibanos.
no sertão, aberta para o sol.
no sul, fechada, para o minuano.

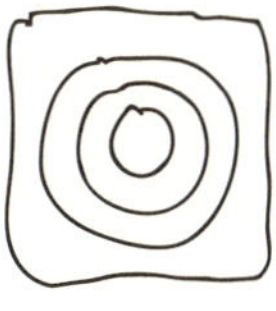

## Dois sonetos para Bartleby

I

Muito já foi dito,
Sem definitivo parecer,
Sobre os motivos do escriturário
Para preferir não fazer.

O enigma, entretanto,
É de fácil resolver.
Era a vista de sua janela,
Pobre de coisas pra ver.

Tudo o que ele via
Dia após dia
Era uma desoladora

Parede de tijolos cinza.
Era tão pobre de janela
Que se tornou pobre de vida.

2

Janelas são coisas
De que todo homem precisa.
Janelas pra dentro e pra fora,
Para os dois pontos de vista.

A riqueza da alma
De qualquer homem
Vem do que ele vê
E do que imagina.

Mas janelas eram tudo
O que Bartleby não tinha.
Copiando não criava

E pela janela não via.
Desse jeito, eu também,
Não fazer preferiria.

# Rememberança 2

Janela da escola
Janela alta pra não roubar atenção
Janela de fugir dali
Escotilha da imaginação

E sendo janela alta,
Das que se olha de baixo pra cima,
Era janela de céu e de nuvem,
Que era só o que se via.

Mesmo com vidros fechados,
Pela janela da escola eu saía
Pula-pulando, voa-voando –
Tapetes mágicos de Aladim.

Fugia da aritmética, da geometria
E de outras ciências que assim
Nos dizia a professora:
– Isto é coisa que cai na prova,
Vou cobrar tintim por tintim!
Mas era o tintim das bolas de gude
Que mais importava pra mim.

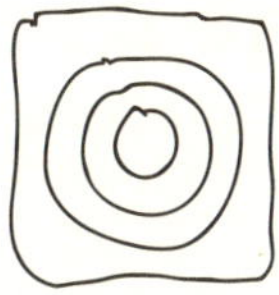

# quadrinhas infames X

lembrei-me de uma santa janela
janela que já me salvou a vida
o corno entrava na porta da sala
pela janela, me escafedia

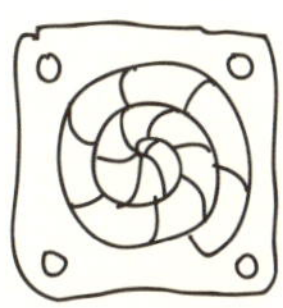

## Bela ou bélica?

A alça de mira é a janela do rifle.
O algoz visa o alvo, a vítima
Que em pouco estará num esquife
Sem nem saber quem lhe atira.

Sendo mira de luneta,
Menos chances terá a vítima.
Encontrará morte instantânea,
Sem tempo de despedir-se da vida.

Por que canto aqui tal janela?
Por que cantar uma janela letal?
É que a arte nasce das coisas belas,
Mas pode, também, nascer do Mal.

Por que os suicidas
Abrem as janelas?
Por que não varar o vidro
E cair sangrando?

Para o suicida
Cada Janela
É um convite

## Digressão acerca da gravidade

A dor da queda se dá
Em inversa proporção
Cair de um banquinho
Dói
Cair de um prédio
Não

## quadrinhas infames XI

não posso esquecer-me delas
das putas do amsterdão
lindas em suas tristes
janelas de solidão

## Da janela do ônibus

A cidade é pequena e fica no alto
do morro. Na beira do asfalto
quente. A cidade é pequena
e tem pouca gente.
Num instante por ela se passa.
Da janela do ônibus,
avisto sua única praça,
um coreto sem banda,
a única torre da igreja em ruínas,
suas beatas, as últimas,
num luto de negras túnicas.

No lado de fora das pequenas casas,
se abancam os viventes da cidadezinha.
Olham e fumam...
Na sombra da árvore, a brisa
Ameniza o calor das brasas
do fogão a lenha da cozinha.
Eu só passei por estas bandas.
Passei e não voltei mais.
Vi da janela do ônibus,
de relance,
a cidadezinha que ficou pra trás.

# Orgânicas 3 e 4

Não esquecer da janela-mãe
A boceta
A janela onde a luz
Não entra
Sai

Nem esquecer da uretra
Pequenina janela
Olho mágico
Do pai

# quadrinhas infames XII

na arte e na história são tantas
janelas eternas e perfeitas:
foi numa que romeu e julieta
se declararam na peça de shakespeare.

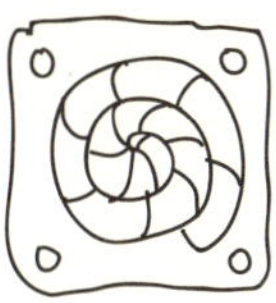

# Cordel da Moça na janela e o Poeta covarde

Vi, certa vez, uma moça
Debruçada numa janela.
Eu passava pela calçada
E de relance cuidava ela.
Qual não foi meu espanto
Ao perceber a piscadela!

Será que era isso mesmo?
Um gracejo da donzela?
Tímido, fingi que não vi
E passei cabisbaixo por ela.
Que moça piscaria pra mim?
Ainda mais sendo tão bela.

Mesmo tantos anos passados,
Ainda me lembro dela.
Será que está lá até hoje,
Debruçada naquela janela?
Esperando por mim
Para casar com ela?

Até parece! Claro que não.
Alguém deve ter casado com ela.
Alguém que também passou
Debaixo da sua janela.
Um homem de verdade
E não um mero poeta.

Um homem de dedos grossos,
Um devorador de panelas.
Hirsuto, cara de lixa, voz de trovão,
Um deflorador de donzelas.
Um homem que não tremeria
Diante de uma piscadela.

Já eu... Pobre de mim!
Triste sina de poeta.
Em vez de falar com a moça,
Corri de vergonha abjeta.
Fui pra casa voando
Escrever um poema pra ela.

# Velório de um vencido

*para Augusto dos Anjos,*
*à maneira do mesmo*

Não bastasse em vida decepções amiúde,
Reservou-me a Morte póstumo desgosto:
Uma janela na tampa do ataúde, expondo
Os fundos sulcos que me cavam o rosto.

No entanto, através deste infeliz postigo
Qu'estou sozinho na capela, constato atônito.
Ninguém veio; parentes, amantes – nem inimigos! –
A quem trazer ânsias e causar vômitos.

Meu funeral é o resumo deste patético jogo
Que foi minha vida, e também meu derradeiro
Castigo. Vivo, não trouxe alegria a ninguém,

E morto, a ninguém consegui causar nojo.
De minha postumária janela só vejo o coveiro,
Que conduz o ferétro com meus despojos.

## quadrinhas infames XIII

outra história de janela
a das tranças de rapunzel,
que eram como louras cordas
por onde subia o donzel.

# Caostrofóbicas

Poucas janelas são mais feias
Que as janelas de São Paulo,
Que ficam no alto dos prédios
E dão vista a prédios altos.

Nuvens? Só da fumaça
negra que sobe do asfalto.

Mesmo as janelas de casas e prédios baixos
São também janelas feias,
Porque têm grades e não têm vista,
São como janelas de cadeia.

## Voyeur

Janela quase fechada
Só a fresta onde fica a luneta
Janela escrota que espia
Pau, bunda e boceta,
Vizinho tomando banho,
Despindo, vestindo, trepando:
Janela de bater punheta.

# Exibicionista

As janelas são também palcos
em que exibir-se. Qual picadeiro
de circo. Picante prazer
que advém de ver e ser visto.

Raro é ver, hoje em dia,
alguma gente em janela.
São pois as cortinas da webcam
que agora se esquecem abertas.

De onde vêm, meus amigos,
essa necessidade de exposição?
Que fetiche mais esnobe!

Como um jovem, que num pobre
e irregular soneto se arrisca,
só pra provar que pode.

## quadrinhas infames XIV

foi também numa janela
que pintaram a mona lisa,
que d. pedro anunciou que ficava
e meu amor anunciou que partia.

# Conflito de gerações

As janelas de antigamente eram
janelas de galos a tecer a manhã,
janelas com moças debruçadas nelas
e abaixo destas,
os sorrisos, os cigarros,
os galanteios e os ares de galo
de um interessado rapagão.

Eram janelas de ver passar a vida.
Janelas de:
– Bom dia, dona ana!
– Bom dia, seu joãozinho!
De trocar fofocas e de um salutar
mal-falar da vida dos vizinhos.

Essas janelas antigas,
janelas de serenatas,
foram substituídas
por janelas antissom, antirruído,
anti-incêndio e antifumaça,
janelas antiônibus, anti-homem,
antijanelas. Qual graça?

São janelas que escondem
o que acontece dentro da casa.
Janelas que, de tão discretas,
Dir-se-iam janelas castas.
Antíteses das antigas janelas,
que eram janelas devassas.

Dá mesmo pena passar pelas
janelas de hoje em dia
que, por estarem sempre fechadas,
aparentam janelas vazias
e que fazem dos quartos e salas
das casas a que pertencem
áreas de perene sombra,
áreas de sempre penumbra,
eternamente sombrias.

Mas sem janela onde se debruçar
não vive o homem, nem viveria.
Precisa de janela para espiar o frêmito
e o estrépito do dia a dia.
Logo, substituiu as janelas antigas
pela televisão.
Sinistra janela, sem poesia.

# Orgânica 5

De todas as janelas do mundo
Nenhuma é mais singela
Que a janelinha do sorriso
De uma criança banguela

# quadrinhas infames XV

uma história norte-americana
teve infelicíssimo desfecho
quando um tiro, de uma janela,
arrancou, de kennedy, o queixo

# Janela de Melo Neto

Janela que não abre e não fecha
Janela que corta o olho, que cega
Janela mineral, que pouco cabe
Janela dura de pedra

Janela econômica
De prudência e precisão
De clareza arquitetônica
Onde não cabe paixão
Não é janela de muito
É janela de contenção

# A sétima janela

I

Das artes todas, o cinema
É a arte que é mais janela,
Em essência, e não apenas
Pelo que tem de retangular, de tela.

Porque é de ver e de ouvir,
Como se por janela entreaberta.
Como se vivesse a vida dos outros
Somente com observá-la por fresta.

2

Dentro da janela cinema,
há outra, anterior.
É uma janela de tempo,
que ao espectador
pouco importa.
É a janela do ator,
que concentra
todo som e toda fúria
entre o ação e o corta.

## quadrinhas infames XVI

vi muitos homens voar
das janelas das torres gêmeas
estão, até hoje, voando
pássaros machos e fêmeas

# Para Lao Tzu

A utilidade da janela está no seu nada.

## one last window

a guilhotina
é uma janela
onde a cabeça
esgueira
para bisbilhotar
o Outro Lado

# Metajanela

A janela da poesia
É de beleza fugaz e etérea,
Impalpável, fugidia,
Mesmo quando concreta.

É tensão entre mão e corda
É arco e é seta
É o instante antes
É a iminência da flecha

A perfuração da carne
Um talho profundo
Uma ferida na alma
Que faz jorrar sangue escuro

A janela da poesia
É de todas a mais aberta.
Impossível fechá-la ou contê-la.
É Ampla. É Incompleta.

Escancarada, eu diria,
Puta de pernas abertas,
Fonte de todo prazer
E de toda doença venérea.

Para consultar nosso catálogo completo e obter mais informações sobre os títulos, acesse www.dublinense.com.br.

dublinense

Este livro foi composto nas fontes Arno Pro e Aller Display e impresso na gráfica Pallotti, em papel pólen bold 90g, em julho de 2013.